AU NOM

DU PEUPLE FRANÇAIS.

RÉPUBLIQUE UNE ET INDIVISIBLE.

ÉGALITÉ, LIBERTÉ, FRATERNITÉ, OU LA MORT.

LE REPRÉSENTANT DU PEUPLE FRANÇAIS près les armées des Pyrénées orientales & occidentales, pour l'embrigadement, & en vertu de l'arrêté pris par nos collégues Milhaud & Soubrany, du 26 germinal, & ensuite de celui de notre collégue Borie pour les départemens du Gard & de la Lozère, du 13 germinal ;

Considérant que la première classe de réquisition des districts des départemens de l'Aude, l'Ardèche, l'Ariège, l'Aveiron, le Gard, la Haute-Garonne, l'Hérault, la Lozère, le Tarn & des Pyrénées orientales, qui composent la division de l'armée des Pyrénées orientales, n'est pas entièrement partie de ses foyers, en vertu de la loi du 23 août & 2 frimaire, ou que, réunie dans les chef-lieux de district, elle est sans cesse détournée de son ardeur civique & guerrière, par une

(1)

infinité d'affections particulières que lui donne la proximité de leur famille ;

, Confidérant qu'il importe de donner aux citoyens appelés à l'honneur de défendre leur patrie , les moyens indiqués par la loi pour parvenir bientôt au moyen de la fervir utilement , foit en quittant leurs foyers , foit en s'exerçant aux manœuvres & au maniement des armes , foit en s'habituant à la vie des campemens ;

Confidérant que les cadres des bataillons anciens n'ont point encore été complétés , que l'encadrement de ceux formés depuis le mois de mars 1793 (ftyle efclave) , & depuis le 23 août , & ordonné par les lois des 2 frimaire & 19 pluviôfe , n'a point encore été fait ni pu fe terminer dans l'armée des Pyrénées orientales , à caufe des circonftances impérieufes qui en ont empêché.

Confidérant que l'embrigadement ordonné par les lois des 24 février & 12 août 1793 (vieux ftyle) ne peut point s'opérer régulièrement, aux termes defdites lois , que ce préalable n'ait été rempli ;

ARRÊTONS:

ARTICLE PREMIER.

La première claffe de réquifition , depuis dix-huit à vingt-cinq ans , des diftricts des départemens de l'Aude , de l'Ardèche , de l'Ariège , de l'Aveiron , du Gard , de la Haute-

Garonne, de l'Hérault, de la Lozère, du Tarn & des Pyrénées Orientales, qui n'a point encore été appelée, ou dirigée hors de fa réfidence, ainſi que tous ceux qui, en faifant partie, pourroient avoir obtenu des exceptions hors celles autoriſées par la loi ou les repréſentans du peuple, feront raffemblés dans le délai de trois jours, à compter de la réception du préſent arrêté, dans les chef-lieux de diſtrict.

I I.

Ce raffemblement opéré, il fera fur le champ dreffé par les foins des adminiſtrations de diſtrict & des commiffaires des guerres, s'il y en a, deux états de fituation du nombre des citoyens de cette première réquifition, ainſi que de l'équipement & habillement que chaque diſtrict pourra lui délivrer, pour en être adreffé un à nous, l'autre à l'adjudant général chef de brigade Deroche, & au commiffaire Rouby, chargé par nous, en vertu du décret du 17 pluviôfe, de nous accompagner dans l'opération de l'embrigadement.

I I I.

Les volontaires de la première claffe, qui feroient déjà réunis dans les chef-lieux de diſtrict, feront dirigés fur le champ, favoir : les départemens de l'Hérault, du Gard, de la Lozère, de l'Ardèche & de l'Aveiron, vers Montpellier ; les départemens de l'Ariège, de l'Aude, du Tarn & des

Pyrénées orientales, vers Carcaſſonne ; & celui de la Haute-Garonne, vers Touloufe, où ils recevront de nouveaux ordres pour leur réunion. Ne ſont point compris dans cette direction les volontaires ou bataillons arrêtés en vertu des lettres du général Lamer, chef de l'état-major dans les places de Montpellier, Nîmes, Narbonne, Carcaſſonne, Cette, Beziers, Alais, Perpignan & Touloufe ; lefquels recevront des ordres particuliers, d'après les états de fituation que les commandans de place nous enverront.

I V.

Les volontaires de chaque diſtrict feront dirigés refpectivement vers les lieux ci-deſſus défignés, en quelque nombre qu'ils foient.... Et les adminiſtrations de diſtrict préviendront auparavant les commiſſaires des guerres des départemens, s'il y en a, ou en leur abfence, les adminiſtrations de département, qui, pour cette fois feulement, & vu l'urgence, feront tenus de combiner l'ordre de route de manière que les marches ne foient pas entravées, & que les lieux d'étape ne foient point furchargés.

V.

Dans les départemens où des Arrêtés de nos Collégues auroient requis les citoyens au-deſſus de l'âge de vingt-cinq ans, ceux-là qui feroient encore dans leurs foyers, feront de même réunis dans les chef-lieux de diſtrict, mais y refteront jufqu'à nouvel ordre , & il nous en fera adreffé un état de fituation à part , ainfi que des motifs pour lefquels ils n'ont pas rejoint.

V I.

Les adminiftrations qui auront dans leurs magafins , aux termes de la loi & des arrêtés du comité de falut public , l'habillement & l'équipement ordonné, ne les livreront pas dans ce moment aux volontaires en partant ; mais il leur fera fourni fur le champ , & par tous les moyens les plus prompts ;

Un pantalon de drap bleu , de même que la vefte , cette vefte à la marfeilloife , collet droit rouge , paffe-poil blanc fur toute la vefte ;

Un bonnet de police ordinaire ,

Deux paires de fouliers ,

Deux paires de bas ,

Trois chemifes ,

Trois cols ,

Une broffe ,

Un peigne ,

Un grand fac de toile qui fervira à contenir les fufdits objets , & dans l'occafion à s'envelopper & coucher dedans.

V I I.

Néanmoins l'impoffibilité d'avoir fur le champ ces objets, ne pourra empêcher le départ ; ils feront expédiés après.

VIII.

Les administrations de district feront choix de citoyens intelligens pour la conduite des volontaires, & aux termes de la loi, & des diverses instructions qui leur ont été envoyées.

IX.

Extrait du présent arrêté sera envoyé aux départemens ci-dessus, avec injonction d'en faire passer des copies collationnées ou imprimées aux districts de leur arrondissement.

X.

Les agens nationaux sont spécialement chargés, & aux termes de la loi sur le gouvernement révolutionnaire, de l'exécution du présent arrêté.

Fait à Montpellier, le 1er. floréal, 2e. année de la république une & indivisible.

Périssent tous les ennmis de l'égalité & de la souveraineté du peuple.

CHATEAUNEUF-RANDON, *signé.*

Enregistré, ALLARD, secrétaire de la commission, *aussi signé.*

Pour copie conforme,

BLANC, *Président.*

BEGUILLET, *Secrétaire-général.*

A TOULOUSE,

De l'Imprimerie de la Veuve DOULADOURE, rue Saint-Rome.

AU NOM
DU PEUPLE FRANÇAIS.

Égalité, Liberté, Fraternité, ou la mort.

RÉPUBLIQUE, UNE ET INDIVISIBLE.

LE Repréſentant du Peuple Français près les Armées des Pyrénées Orientales & Occidentales pour l'embrigadement & en vertu de l'Arrêté de nos Collègues Milhaud & Soubrany, du 26 Germinal;

ARRÊTONS:

Que les Adminiſtrations de Diſtrict des Départe-

(2)

mens compofant la divifion de l'Armée des Pyrénées
Orientales procéderont au recenfement des Charrettes
& des Chevaux de trait, qui exiftent dans leur arrondiffement refpectif, afin d'établir une bafe fûre pour
la requifition & donner une plus grande facilité aux
tranfports des Fourrages, fubfiftances ou autres fer-
vices de l'Armée;

Que l'état en fera envoyé à nos Collegues près
l'Armée des Pyrénées Orientales, au Commiffaire
Général de l'Armée & aux Commiffaires Ordonnateurs
de la neuvieme & dixieme divifion.

Extrait du préfent Arrêté fera envoyé aux Adminiftrateurs des Départemens compris dans la divifion de
l'Armée pour le faire parvenir feulement aux Diftricts
de leur Arrondiffement, qui font refpectivement chargés de fon exécution.

Montpellier, le 2e. Floréal, l'an 2e. de la République Françaife.

Périffent tous les ennemis de l'Égalité & de la Souveraineté du Peuple, CHATEAUNEUF-RANDON, figné. Enrégiftré ALLARD, Secretaire de la Commiffion, auffi figné.

EXTRAIT des Regiftres du Département de Haute-Garonne.

Du 11 Floréal, l'an 2°. de la République Françaife.

*V*U l'Arrêté ci-deffus du 2 Floréal courant,

ARRÊTE qu'il fera imprimé & envoyé aux Diftricts pour être publié & affiché dans toutes les Communes du Département & être exécuté en tout fon contenu.

BLANC, Préfident; LAFONT, GUIRINGAUD, SARTOR, BELLECOUR, PICQUIÉ, DELHERM, SAMBAT, Adminiftrateurs.

BEGUILLET, Secrétaire-Général.

A TOULOUSE,

De l'Imprimerie de JOSEPH DALLES, aux Arts & Sciences, premiere Section, N°. 110.

AU NOM
DU PEUPLE FRANÇAIS.

ÉGALITÉ, LIBERTÉ, FRATERNITÉ, OU LA MORT.

REPUBLIQUE UNE ET INDIVISIBLE.

LE Repréfentant du Peuple Français près les armées des
Pyrénées Orientales & Occidentales pour l'embrigadement, &
en vertu de l'arrêté pris par nos collègues Milhaud & Soubrany
du 26 germinal ,

Confidérant qu'il eft urgent de remplir l'invitation qui nous
a été faite par nos collègues Milhaud & Soubrany de faire
réunir, camper ou baraquer la première claffe de réquifition
des départemens qui compofent l'armée des Pyrénées Orientales, qui n'a point encore rejoint, pour être exercée, inf-
truite, & mife à portée de feconder le zèle de tous les citoyens
qui la compofent :

Confidérant que déjà leur réunion dans les chefs-lieux des
diftricts, ainfi que leur direction, eft ordonnée par notre
arrêté du jour d'hier ,

ARRÊTONS,
ARTICLE PREMIER.

La première claffe de réquifition, qui, en vertu de notre

(3)

arrêté du jour d'hier, doit être dirigée vers Montpellier sur le terrain qui sera choisi à cet effet par l'adjoint général Desroches, l'ingénieur Martin, & le commissaire des guerres Rouby, celle dirigée vers Carcaffonne & Touloufe

à cet effet, & qui feront préalablement tenus de fe préfenter à Carcaffonne ou à Touloufe, ou dans l'Ariège près de notre collègue Chaudron-Rouffeau, pour prendre fes avis à cet égard, & obtenir de lui tous les fecours qu'il voudra bien leur donner, pour fuivre le fuccès des campemens & des magafins de Touloufe.

ART. II.

Les officiers ou agens militaires confulteront les avantages d'un terrain fain & aéré, à portée des routes & des bois; ils fuivront auffi toutes les notions qu'ils prendront des adminiftrations des diftriets, en même temps que celles que nous avons déjà prifes conjointement enfemble.

ART. III.

Ces camps n'étant formés que pour fervir à l'inftruction & à l'éducation militaire, il y fera obfervé la plus fcrupuleufe & perfuafive difcipline; la raifon la commandera; le zèle des braves citoyens appelés à la défenfe de la patrie la maintiendra; le refpect des propriétés fera fans ceffe en pratique par ces vrais républicains; la haine pour les tyrans & les ennemis de l'égalité & de la fouveraineté des peuples y fera célébrée, & répétée par des chants patriotiques pour le délaffement des volontaires.

ART. IV.

Les armes étant employées ou exiftantes dans des arfenaux, prêtes à fuivre une deftination . . . . ; il ne pourra en être délivré dès ce moment. L'école des pofitions, des marches individueiles, & des développemens en peloton ou fection, des évolutions des mouvemens, feront la pratique & l'inftruction ordinaire . . . . . il en fera néanmoins délivré un certain nombre pour en apprendre le premier mouvement . . . . . il fera fait une inftruction particulière pour des différentes parties, ainfi que pour l'ordre & la difcipline du camp, vifée & arrêtée par nous.

ART. V.

La police & la garde du camp fera faite par un des bataillons d'ancienne levée ftationnée, dans l'intérieur & par quelques brigades de gendarmes qui feront formés.

ART. VI.

Il fera employé pour la furveillance de ces camps un ou deux adjudans généraux, felon le nombre d'hommes raffemblés, avec leur adjoint, aux termes de la loi, un ou deux commiffaires des guerres, deux officiers avec folde de capitaine, deux inftructeurs avec celle de fergent, & dix chefs de chambrée avec celle de caporal par divifion de cent hommes, qui feront choifis parmi ceux qui ayant bien fervi, ont reçu des bleffures qui ne leur permettent pas la continuation d'un fervice actif, ou autres dont les talens feront reconnus, le tout conformément à ladite inftruction fur la formation des camps & le claffement des volontaires.

ART. VII.

A l'arrivée des volontaires dans le camp, ils feront infcrits fur un regiftre, & répartis fur le champ par n.º de demi-brigades, de manière que, dès cet inftant la féparation des habitans d'un même territoire fe fera, que l'efprit des localités & des habitans fera détruit, & que chacun faura, en arrivant, la demi-brigade où il doit être encadré, & que ce claffement facilitera l'ordre & le travail de l'encadrement & du complette-ment, quand les circonftances & les mouvemens de l'armée permettront de le faire. Néanmoins comme l'embrigadement ne peut fe faire régulièrement, ni aux termes de la loi, à caufe de la formation actuelle de l'armée, de fes mouvemens & de fon action continuelle depuis fix mois, cette défignation ou demi-brigade fera faite fur la bafe de l'embrigadement qui eft actuellement & provifoirement établi dans l'armée; & pour la plus grande clarté, les bataillons qui compofent les demi-brigades, feront fpécifiés à côté.

ART. VIII.

Le campement fe fera, foit en tentes, à raifon de celles qui font libres dans les magafins de Montpellier & de Tou-loufe, foit en baraques de planches, foit en baraques d'induf-trie, & qui feront conftruites fur le terrain par les volontaires eux-mêmes, ou autres.

ART. IX.

Les commiffaires-ordonnateurs de la neuvième & dixième divifion font chargés de pourvoir à tous les effets néceffaires pour cet ordre fimple de campement, & le plus économiquement poſſible, & de ſe concerter avec les adminiſtrations & diſtriéts de Montpellier, de Touloufe & autres où ſe trouveront ſitués les camps, ou telles autres des départemens de la diviſion qui feront néceſſaires pour les acquiſitions des fournitures à faire, le tout aux termes des arrêtés pris ou à prendre à cet effet......... Les adminiſtrations ſont tenues de ſe conformer à toutes les réquiſitions motivées en conféquence, & de leur fournir, par tous les moyens qui font en leur pouvoir & leur zèle & leur pátriotifme, tous les fecours que la loi leur preſcrit de donner.

ART. X.

Les prépoſés aux ſubſiſtances deſdites diviſions pourvoiront ſans délai aux ſubſiſtances de ces camps, & avec d'autant plus d'aiſance & d'économie, qu'ils ne ſoient plus obligés de faire parvenir, ou d'y pourvoir par des moyens beaucoup plus diſpendieux, dans les chefs-lieux de diſtriéts où étoit raſſemblée la première claſſe de réquiſition.

Il nous ſera rendu compte de toutes ces diverſes parties adminiſtratives ou militaires par les agens militaires, ainſi qu'aux généraux de diviſion & de brigade où ſont établis ces camps, & ainſi qu'aux divers agens ſupérieurs de ſubſiſtances & au commiſſaire général de l'armée, & chacun en ce qui le concerne.

FAIT à Montpellier, le 3 floréal, l'an 2 de la république une & indiviſible.

Périſſent tous les gouvernemens ennemis de la liberté & la la ſouveraineté des peuples !

CHATEAUNEUF-RANDON, ſigné.

LE Repréſentant du Peuple Français près les armées des Pyrénées Orientales & Occidentales pour l'embrigadement, & en vertu de l'arrêté pris nos collègues Soubrany & Milhaud le 26 germinal,

Sur l'obſervation du directeur des fortifications réſidant à Cette,

DÉCLARONS ET ARRÊTONS,

Que les articles de notre arrêté du premier floréal, qui ordonne le raſſemblement des citoyens, ſoit depuis dix-huit à vingt-cinq, ſoit depuis vingt-cinq juſqu'à quarante ans, dans les chefs-lieux de diſtrict, ne concernent point ceux qui ſont employés aux travaux des fortifications & autres ſervices conſtatés par les municipalités, & ſous leur reſponſabilité, aux termes des exceptions ordonnées par la loi ou les repréſentans du peuple, pour l'utilité publique.

Le préſent arrêté ſera envoyé aux départemens de la diviſion de l'armée des Pyrénées Orientales, pour être tranſmis à tous les diſtricts & municipalités de leur arrondiſſement.

FAIT à Montpellier, le 15 floréal, deuxième année de la République une & indiviſible.

Périſſent tous les ennemis de l'égalité & de la ſouveraineté du peuple ! CHATEAUNEUF-RANDON, ſigné. Enregiſtré F. MAZOIER, ſecrétaire de la commiſſion.

Extrait des Regiſtres du Département de Haute-Garonne.

,Du 19 Floréal, l'an 2 de la République Françaiſe.

Vu les arrêtés ci-deſſus à nous adreſſés par le repréſentant du peuple Chateauneuf-Randon , l'adminiſtration du département arrête qu'ils feront imprimés , publiés , affichés , & envoyés aux diſtricts , au commandant de la place & au commiſſaire-ordonnateur , pour qu'ils puiſſent s'y conformer.

BLANC , préſident.

BEGUILLET , ſecrétaire général.

A TOULOUSE,
Chez le Montagnard VIALLANES, Imprimeur, rue Serminièreſi

www.ingramcontent.com/pod-product-compliance
Lightning Source LLC
Chambersburg PA
CBHW070750280326
41934CB00011B/2870